Ansgar Walk, 1929 in Stuttgart geboren, ist promovierter Naturwissenschaftler und war als Manager in der pharmazeutisch-chemischen Industrie tätig. Schon während seiner Schulzeit begann er mit dem Sammeln moderner bildender Kunst und Glaskunst. Seine umfassende Sammlung von Werken des Malers und Buchillustrators Gunter Böhmer ist seit 2000 als Schenkung in die Gunter-Böhmer-Stiftung der Großen Kreisstadt Calw eingegliedert.

Ansgar Walk

Gunter Böhmer

Mit den Augen
eines Freundes und Sammlers gesehen

PENDRAGON

Inhalt

„Selbstbildnis“, 1936 (Öl auf Leinwand)

Lesender Zeichner – zeichnender Leser

Unsere Medien übermitteln wohl viel zu wenig von den Gütern, die wir der „Allgemeinbildung“ zurechnen. Wenigstens scheint das für namhafte Künstler der Vergangenheit und Gegenwart zu gelten. Ich zum Beispiel wohnte in einer Straße, die nach Lucas Cranach (dem Älteren) und damit einem gewiss seit Jahrhunderten weltweit als bedeutend anerkannten Maler benannt ist, sah mich aber bei der Angabe meiner Anschrift nahezu jedes Mal veranlasst, „Cranach“ zu buchstabieren. Auch beantwortete ich nicht selten geduldig die Frage „Wer ist denn *das*?“ und erhielt selbst dann noch meine Post in die „Kranichstraße“ geschickt. Wie viel schwieriger mag es da sein, wichtige Künstler unserer Tage breiter bekannt zu machen – etwa Gunter Böhmer?

Wer Gunter Böhmer ist oder war …? Ein Zeichner, Maler, Buchgrafiker und Illustrator, der sich überdies schriftlich brillant auszudrücken wusste. Allerdings: „Was Böhmers Werk als Ganzes, was der schöpferische, auch in seinen kunstliterarischen, kunsttheoretischen Äußerungen produktiv vermittelnde Künstler in diesem Werk bedeutet, das … ist längst noch nicht zu Ende gedacht.“ (Wolfgang Kermer 1991)

Seinen autobiografisch gehaltenen Aufsätzen „Schriftliches“ ist zu entnehmen, dass sich bei Böhmer schon in ganz jungen Jahren Ansätze finden lassen, die sein späteres Künstlertum begründen. Böhmer schildert dort etwa, wie er – am 13. April 1911 in Dresden als Sohn eines Lehrers geboren – fünfjährig mit seinem Großvater auf dem Kutschbock sitzt und das vorgespannte Pferd beobachtet. Pferde und immer wieder Pferde, Tiere überhaupt sind es bald, die ihn zu stets neu abgewandelten Zeichnungen herausfordern. Der andere Großvater – er hat als Lithograf mit Max Klinger zusammengearbeitet – weiht ihn früh in die Schriftkunst ein und wohl auch in die Welt der Literatur. Im Nachhinein erweist sich, dass so schon im Vorschulalter die Grundsteine für all das gelegt wurden, was Böhmer sein Leben lang umtreiben wird:

„Selbstbildnis“, 1978 (Tuschpinselzeichnung)

Für Gunter Böhmer typischer „Malerbrief"
(Tuschfederzeichnung)

Malen, Zeichnen, kalligrafisches Gestalten und Auseinandersetzen mit Literatur – Böhmer wird „zeichnend lesen“ (Hans A. Halbey 1967) und schreiben. Nach Gymnasialzeit und Abitur an der Annenschule Dresden beginnt er 1930 an der Staatlichen Akademie für Kunstgewerbe in Dresden Malerei und Grafik zu studieren – der hochbegabte Abiturient wird, eine seltene Auszeichnung, ohne Prüfung aufgenommen –, daneben hört er an der Technischen Hochschule germanistische Vorlesungen. Kurze Zeit später aber zieht es ihn nach Berlin, wo er Max Slevogt wiedersieht, dem er erstmals schon als Schüler in Dresden begegnet war. An der Berliner Akademie sind es jedoch in erster Linie Emil Orlik und – nach dessen Tod – Hans Meid, die dem jungen Künstler das Rüstzeug für seine weitere Entwicklung mit auf den Weg geben. Sie sind wie Max Slevogt nicht nur Maler und Graphiker, sondern sie beherrschen zudem das künstlerische Illustrieren von Büchern, das Gebiet, auf dem auch Böhmer sich bald einen Namen machen wird.

Kurz vor dem Abitur war Böhmer ein Zeitungsartikel mit dem Titel „Ein Malabend“ in die Hände gefallen, von dem er 1977 in seinem Aufsatz „Frühes und Spätes“ berichtet: „Der da vom Malen, seinen Beseeligungen und Tücken erzählte, musste eine Art Bruder von mir sein, haargenau stimmte alles, so erlebte auch ich meine *Malabende,* es grenzte an Magie. Ich suchte im elterlichen Bücherschrank nach eventuell vorhandenen Werken dieses Autors, der mir völlig unbekannt war, und fand sie. Der Dichter hieß Hermann Hesse. Hypnotisiert schrieb ich dann ohne viel Skrupel meine Matura-Arbeit über Hesse.“

Als Student wagt er schließlich, an den von ihm verehrten Dichter „malend" zu schreiben, und der ist von dem, was ihm der junge Künstler mitzuteilen weiß, so angetan, dass er ihn zu sich in das Tessin einlädt. Nach dem Studium reist daher der 22-jährige Gunter Böhmer 1933 nach Montagnola. Als er dort in die Casa Camuzzi einzieht (Hesses Wohnsitz, bevor ihm der Zürcher Arzt und Mäzen Hans Bodmer im Jahr 1931 ein Haus in den Hügeln über dem Dorf erbaut und es ihm auf Lebenszeit überlässt), da ahnt er nicht, was ihn erwartet:

„Palmsonntag“ (Casa Camuzzi)
Bleistiftzeichnung (Tagebuchblatt)

„Park im Tessin“, 1949
(Öl auf Leinwand)

Campanile von Sant'Abbondio
in Gentilino, einem Ortsteil von Collina d'Oro

Dieser verwunschen wirkende Tessiner Palazzo, Schauplatz von „Klingsors letzter Sommer“, wird für ihn mehr als fünf Jahrzehnte lang Heimat sein. In einem in den Materialien zu Hermann Hesses „Glasperlenspiel“ publizierten Essay Böhmers („Nachträgliche und vorläufige Aufzeichnungen“) lässt sich unter anderen humorvollen und geistreichen Aperçus nachlesen, auf welche Weise der Neuankömmling in jenen Tagen sein leibliches Wohl „pflegte“: „Als ich mich in der Casa Camuzzi einzunisten begann – zwischen Traum und Erwachen das „lebenslänglich“ noch nicht ahnend – lieh mir Hesse allerlei Hausrat, seine grünglasige Schreibtischlampe aus der Berner Zeit, auch Ess- und Kochgeschirr für meine Verpflegung“, deren Zeitrhythmen ich meist vernachlässigte; um die Stunde dafür zu erkunden, (die mir noch nicht schlug), musste ich erst nach Sant'Abbondio pilgern, dessen Campanile sie je nach Laune anzeigte.“

Einzelheiten, wie Hesse seinen jungen Malerfreund zu fördern weiß, schildert Böhmer 1976 detailliert im Nachwort zu einer neuen Ausgabe des „Lauscher“ als Insel-Taschenbuch.

Er erzählt dort, wie Hesse ihn in jenem Sommer 1933 mit seinem Verleger Samuel Fischer bekannt macht, den Böhmer dann in seinem Luganer Hotelzimmer porträtieren darf, und ihm seinen ersten großen Auftrag, die Buchillustration der dritten Auflage des „Hermann Lauscher“ vermittelt. Auch, wie Hesse ihn nach dem Abschluss dieses Auftrags zum Bleiben bewegt. Und Böhmer bleibt und malt und zeichnet.

Die Freundschaft zwischen dem „älteren Bruder" und Josef Knecht, die Hesse in seinem „Glasperlenspiel" schildert, gleicht der, die sich zwischen dem Dichter und dem jungen Künstler entwickelt. Eine neu illustrierte Wiederauflage der kleinen Dichtung „Stunden im Garten" (Insel-Bücherei Nr. 999) – Hesse hat sie 1935 als „ein Atemholen im Gestaltungsprozess" (Böhmer) des „Glasperlenspiels" geschrieben, und von Böhmer stammen dazu Zeichnungen des gemeinsam Erlebten – gibt dem Künstler vierzig Jahre später Gelegenheit, sich in einem Nachwort zu erinnern:

„Hermann Hesse mit Vogel"
(Tuschfeder)

„Ich war – um eine Wendung Hesses zu gebrauchen – sein *Gartenbruder* von 1933 (meiner Übersiedlung in die Casa Camuzzi) bis in die Sechzigerjahre (dem Beginn meiner Stuttgarter Akademietätigkeit). In diesen Zeiten stand nicht nur meine Staffelei oft zwischen Hesses Rebstöcken, lagen nicht nur meine Skizzenbücher neben seinen Gartengeräten: vor allem schleppten wir gemeinsam Gießkannen und Mistkübel, schaufelten einen Gartenweg aus, spielten zwischendurch zur Erholung eine Partie Boccia, feierten mit nachbarlichen Freunden die arbeitsfrohen Vendemmia-Feste [Erntefeste], sammelten jederzeit Laub für die kultischen Feuer, schwiegen, sprachen, lachten miteinander. Kaum war ich – meist am frühen Nachmittag und meist mit einem Sack voller *Probleme* – aufgetaucht, so verkündete mir Hesse ohne Umschweife seine täglich wechselnden präzisen Gartenarbeitspläne – niemals jedoch, ohne vorher scherzhaft-listig ein Gelächter anzuzetteln. Dieser keineswegs ironisierenden Auflockerung meiner stummen und dennoch gehörten Fragenkomplexe folgten nach einer geheimen Spielregel meist später – im Laufe unserer Hantierungen, unaufgefordert und wie nebenbei, halb im Zwiegespräch, halb monologisierend – seine stets teilnahmeoffenen, fast immer heiteren oder erheiternden Antworten. Denn Hesse war nicht nur in der Kunst des Gedankenlesens ein Spielmeister, er war es auch in der Musik des Lachens."

Einseitig gebend ist diese Freundschaft aber keineswegs: Hesse malt und zeichnet viel und mit Begeisterung, aber er ist Autodidakt und lernt gern von dem selbstkritischen

Künstler, wenn sie sich über das Gestalten ihrer Bilder und die zu verwendenden Techniken austauschen.

Nach dem „Lauscher" kommen bald neue Illustrationsaufträge bekannter deutscher und schweizerischer Verlage. 1934 missglückt der mutige Versuch, mit Emmy Ball-Hennings, der Witwe des Dichters Hugo Ball, eine Reise nach Japan zu unternehmen; die beiden bleiben kurze Zeit in Berlin hängen und kehren in das Tessin zurück.

Im Jahr 1935 reist Böhmer nach Florenz und Venedig und hält sich anschließend einige Zeit bei Hans Mardersteig in Verona auf, wo er sich in der Offizina Bodoni Kenntnisse über das Herstellen bibliophiler illustrierter Werke aneignet. Im Jahr 1936 setzt er sich in Paris vor allem mit dem Werk von Paul Cézanne und Pablo Picasso auseinander. Wenig später beteiligt er sich an der Biennale Venedig.

Zwei Jahre später lebt er erneut für einige Zeit in der Stadt an der Seine, diesmal als künstlerischer Mitarbeiter des Verlags Albatros. Zurück in Montagnola trifft er mit Karl Hofer, Wilhelm Hausenstein und Louis Moilliet zusammen, die sich für seine Arbeit interessieren. Freunde findet er außer in Hermann Hesse und Emmy Ball-Hennings nun auch in dem Kulturphilosophen und Arzt Max Picard, dem Zeichner Imre Reiner und Marie Geroe-Tobler – „Mareili", die sich als Weberin „zauberischer Bildteppiche" (Böhmer) einen Namen gemacht hatte; sie war einst Schülerin von Kandinsky und Klee am Dessauer Bauhaus gewesen.

1945 heiratet Gunter Böhmer die 25-jährige Gobelinweberin Ursula Bächler aus St. Gallen, die sich in Montagnola bei ihrer Tante Mareili aufhielt. Die Jungvermählten behalten Böhmers Wohnung in der Casa Camuzzi bei, in der „Schimmelburg“, wie Ninon Hesse Jahre zuvor den alten Palazzo charakterisiert hat – recht beengt zunächst, später mit mehr Raum. Um diese Zeit ändert sich Böhmers Stil merklich; seine Bilder, jetzt auch viele Gemälde in Öl, werden immer leuchtender – seine erste künstlerische Entwicklungsphase ist abgeschlossen. Die Zeichnungen im „Tagebuch eines Malers“, 1944 von der Vereinigung Oltner Bücherfreunde veröffentlicht, machen dies deutlich.

Etwa zu jener Zeit bezieht auch der Maler Hans Purrmann, ein Freund von Henri Matisse, die Casa Camuzzi. Der tägliche Erfahrungsaustausch zwischen den Wand an Wand lebenden Malern und Hermann Hesse wirkt sich auf die Arbeit der Freunde inspirierend aus. Bei einem gemeinsamen Aufenthalt 1949 in Ospedaletti arbeiten Purrmann und Böhmer Seite an Seite: Bei gleichen Motiven vor Augen malen die beiden in schwelgenden Farben.

„Hermann Hesse und Hans Purrmann", 1956
(Tuschzeichnung)

„Hesse, Purrmann, Böhmer", 1956
(Tuschzeichnung)

Trotz dieser Nähe geraten sie nicht in Abhängigkeit voneinander (Böhmer hat diese gemeinsame Reise in „Purrmanniana“ detailliert beschrieben). Auf Ischia begegnet er im Jahr darauf dem dort lebenden Maler Werner Gilles. 1951 erhält er das Bürgerrecht von Montagnola. 1952 reist er ein weiteres Mal nach Venedig und auch wieder nach Paris – er besucht Raoul Dufy, in dessen Art zu zeichnen und zu illustrieren er viele Elemente des eigenen Stils wiederfindet und sich angeregt fühlt. Auch im Jahr darauf ist er erneut in Paris: Dieser für ihn wichtige Aufenthalt, bei dem er sich mit René Auberjonois, Alberto Giacometti und Otto Meyer-Amden auseinandersetzt, schlägt sich unter anderem in dem kleinen Buch „Ein Sommer in Paris“ nieder. Die darin veröffentlichten Zeichnungen weisen Böhmer als intensiven Beobachter aus, der sich mitten in den Alltagstrubel mischt und das Gesehene pointiert festhält.

1960 erfolgt die Berufung als Professor für Freie Grafik an die Staatliche Akademie der Bildenden Künste Stuttgart, wo Gunter Böhmer die Nachfolge des bedeutenden Grafikers Karl Rössing antritt. Diese Lehrtätigkeit übt er über die stürmischen 68er-Jahre hinweg bis 1976 aus; er wird „für seine künstlerischen und kunstpädagogischen Leistungen“ mit der Verdienstmedaille des Landes Baden-Württemberg geehrt.

Zu seinem Lehrfach äußert er sich aphoristisch in den „Akademie-Mitteilungen“: „Freie Graphik, frei wovon, wofür befreit? Alternative: „unfreie“ Graphik? Alle Graphik könnte „Gebrauchsgraphik“ sein. Unterschied: ob „Gebrauch“ Surrogat oder Conception. Jede gute Graphik sollte „Siebdruck“ sein: Weizen drinnen, Spreu draußen.“ Oder: „Mit schlechter Graphik große Ideen verbreiten schändet beides.“ Und ferner: „Zeichnen, weil man nichts anderes kann – zu billig, weil man nicht anders kann – eh bien!“

Auch an der Akademie hält er das Geschehen um sich herum mit treffsicherem Stift fest, was nicht zuletzt in der beeindruckenden Dokumentation „Gunter Böhmer an der Stuttgarter Kunstakademie“ aufgezeigt wird. Er zeichnet „Portraits aller Professoren, Lehrer, Verwaltungsbeamter, Tutoren, Asta- und sonstiger „herausragender“ Studenten; Situationen der Studien-Arbeit beim Akt-Zeichnen, Korrektur-Geben, Prüfungsbeurteilen, Werkstattarbeiten etc.; Akademie-Atmosphäre, Atelierinterieurs, Gänge, Treppenhäuser, Atelierfeste etc. in bewegten und „ruhigen“ Jahren“ (Originalton Böhmer nach Wolfgang Kermer, dem seinerzeitigen Rektor der Akademie). Hans-Gottfried von Stockhausen, gleichfalls Lehrer an der Akademie, erzählt mir einmal darüber: „Böhmer erschien in unseren Senatssitzungen nie ohne Papier und Zeichenstift – meist nur ein Bleistiftstummel; jeden von uns hielt er immer wieder neu zeichnerisch fest, und selbst in den stürmischsten Situationen bannte er das Gesehene auf ein kleines Notizbuch oder was er sonst Papierenes dafür zur Hand hatte.“

„Illustration ist nicht imitierte oder repetierte Literatur; ihr Wesen beginnt dort, wo das Wort aufhört“ notiert Böhmer, ebenfalls für die Akademie-Mitteilungen. Längst gehört er, darin sind sich die Kenner einig, zu den bedeutendsten deutschen Buchillustratoren; Fritz

Löffler, der langjährige Leiter der Staatlichen Kunstsammlungen Dresden, zählt ihn zu den ganz großen Zeichnern des 20. Jahrhunderts wie Otto Dix und Illustratoren wie Josef Hegenbarth. So wundert es nicht, dass seine Arbeiten international anerkannt sind. Bibliophil gestaltete Werke der Weltliteratur, nicht selten zu den „schönsten Büchern" gewählt, finden Aufnahme in zahlreichen europäischen und amerikanischen Museen und Bibliotheken, sind von Sammlern gesucht – Werke von Balzac, Büchner, Carossa, Dostojewski, Eichendorff, Faulkner, Flaubert, Giraudoux, Goethe, Gogol, Gotthelf, Hagelstange, Hauptmann, Hausmann, Hesse, Jahnn, Kafka, Thomas Mann, Mörike, Pirandello, Poe, Raabe, Stevenson, Walser, Zuckmayer. Diese Liste illustrierter Bücher ist jedoch bei weitem nicht vollständig, und ein Erfassen der von Böhmer gestalteten Buchumschläge und Einbände ist bislang noch niemandem gelungen.

Böhmer, der wenig auf Äußerlichkeiten gibt und „vom marktschreierischen Kunstbetrieb" nichts hält, freut sich doch über Ehrungen, die ihm nun mehr und mehr erwiesen werden (auch wenn er das nur selten offen zeigt), sieht er darin doch vor allem eine Anerkennung seines Werkes: 1980 ist er Ehrengast der Deutschen Akademie (Villa Massimo) in Rom, die Stuttgarter Kunstakademie ernennt ihn zu ihrem Ehrenmitglied, und von der Stadt Calw erhält er die Hermann-Hesse-Medaille; im Jahr 1982 werden ihm die Dresdner Semper-Medaille und das Bundesverdienstkreuz 1. Klasse verliehen.

Wie könnte es bei einem Menschen wie ihm anders sein:

Aus Böhmers riesigem malerischem Fundus wandern großzügige Schenkungen an öffentliche Einrichtungen wie die Stuttgarter Kunstakademie, das Schiller-Nationalmuseum Marbach, Hermann Hesses Geburtsstadt Calw, die Städtische Galerie Albstadt, das Klingspor-Museum der Stadt Offenbach und vor allem seine Geburtsstadt Dresden.

Über Gunter Böhmer als Maler, Zeichner, Buchillustrator gibt es eine Vielzahl von Aufsätzen kompetenter und auch weniger kompetenter Autoren. Ich bin weder Kunst- noch Literaturhistoriker und halte mich deshalb nicht für berufen, mich fachlich zu äußern. In jungen Jahren habe ich jedoch begonnen, mich mit Kunst auseinanderzusetzen und Bilder zu sammeln – stets unter der Voraussetzung, deren Schöpfer selbst kennenzulernen. Deshalb seien mir persönliche Anmerkungen erlaubt.

Von Freunden wurde ich in letzter Zeit oft gefragt, warum gerade die Arbeiten von Gunter Böhmer so eminente Bedeutung in meiner Beziehung zur Kunst gewonnen haben. Und es fiel mir jedes Mal schwer, eine allgemein akzeptable Antwort zu formulieren, liegen die wahren Gründe doch vor allem im Emotionalen. Man begegnet irgendwo und irgendwann einer Skulptur, einer Zeichnung oder einem Gemälde, vielleicht auch nur einem Katalog, und ist von dem Gesehenen gefangen genommen. Danach muss man für sich selbst entscheiden: Sich annähern oder wieder auf Abstand gehen. Man kann ja nicht alles, was einen begeistert und in Bann schlägt, sammeln. Bei meiner Begegnung mit Gunter Böhmer war das nicht anders. Doch trat dann als Besonderes hinzu, dass ich ihn so nah wie keinen anderen Künstler kennenlernen durfte und auch im engeren Umgang mit ihm fasziniert blieb – fasziniert von seiner Ausstrahlung, seiner herausragenden Bildung und seinem scharfen Denken. Böhmer war gewiss nicht von rasch gewinnender Wesensart; oft war er eher kantig, zuweilen spöttisch bis sarkastisch – „eben ein Widder", wie er sich selbst hin und wieder charakterisierte. Doch all das wurde aufgewogen von seiner extremen Einfühlsamkeit in die Leiden anderer Menschen, seiner Fähigkeit, Störungen zu erfassen, und seiner tiefen, niemals versiegenden Humanitas. Einer derart sensiblen Persönlichkeit wie Gunter Böhmer bin ich kaum je wieder begegnet.

In dem von mir zusammen mit Juergen Seuss herausgegebenen Band „Salute GB! – Das Wagnis des Unbequemen" (1986), der ursprünglich als Gruß zum 75. Geburtstag konzipiert war und dann wegen Böhmers Tod wenige Wochen zuvor ein Gedenkbuch wurde, habe ich etwas geschrieben, was ich noch heute ohne Abstriche in ähnlicher Weise formulieren würde:

„Das Werk des zu sich selbst vorgedrungenen Künstlers, so jedenfalls meine erste ungefilterte Erkenntnis …, dieses Werk konnte den sehnlichen Wunsch des Sammlers erfüllen, künstlerische Bewältigung unserer Jahrhunderthälfte zu erleben. Im weiteren Vordringen dann das tiefe innere Erfahren dieser Kunst, vielschichtig vom Heiteren bis ins tiefste Dunkel reichend, traumhaft visionär Reflexionen herausfordernd, Mitleiden an unserer Zeit heischend (doch ohne ideologischen Belangen verfallend), nicht ästhetisierend, dennoch ästhetisch, noch in Grenzbereichen zart.

Es ist wohl unangebracht, den nur-Naturwissenschaftler nach seiner Beziehung zum Werk Gunter Böhmers zu fragen; die Antwort erfolgt aus anderen seelischen Schichten, aus dem Empfinden, und der primäre Zugang ist nicht intellektuell. Ich spreche vom Werk Gunter Böhmers, vom Sammeln. Ich darf aber das Wesentliche nicht übergehen, dass nämlich Werk und Künstler in mir unlösbar verbunden bleiben. Ich habe bei Gunter Böhmer von Anfang an unerbittliche Wahrheit gespürt: den Ausschlag für die Sammlung hat seine Persönlichkeit gegeben."

Gunter Böhmer hat eine Vielzahl von Gemälden und Tausende von Zeichnungen hinterlassen, über 200 Werke der Weltliteratur illustriert und wohl mehr als ein halbes Tausend Buchumschläge und -einbände gestaltet. Seine künstlerischen Arbeiten wurden in über 100 Ausstellungen der Öffentlichkeit zugänglich gemacht. Nun harrt das Werk der Sichtung und Einordnung in die Geschichte der Kunst des 20. Jahrhunderts, wobei das geschriebene Werk keineswegs vergessen werden sollte.

„GB“-Signatur-Kürzel

„Fazit? Von vorn anfangen …“

„Fazit? Von vorn anfangen – sofort! neugeboren! anders! besser! verantwortlicher! Von früh bis spät, Spät wie Früh …“ September im Tessin: Der Schlusssatz aus Böhmers „Frühes und Spätes“ geht mir nicht aus dem Sinn. Auf der Alpennordseite, jenseits des St. Gotthards haben eben noch dichte Regenschauer den beginnenden Herbst angekündigt. Mit der Ausfahrt aus dem Tunnel aber ist der Spätsommer zurückgekehrt. Ein wolkenloser Himmel empfängt mich, und strahlender Sonnenschein wirft tief dunkle Bergschatten auf die Täler, durch die sich die Autobahn nach Bellinzona hinunterzieht. Nicht lange, und ich sehe überall an den Hängen wieder die vertrauten Rauchsäulen aufsteigen, die das Ende des Sommers ankündigen und dem Tessin seinen herbstlichen Geruch verleihen. Seit langem hat es nicht mehr geregnet, höre ich von den Einheimischen bei der Ankunft. Nichts scheint sich hier im Vorgarten von Lugano seit meinem letzten Hiersein verändert zu haben, außer dass ich diesmal allein hierherkomme: Nach dem Tod von Chris (meiner ersten Frau) haben mich Luganer Künstlerfreunde – NAG Arnoldi, Francis Bott und Gunter Böhmer – zu dieser „Reise der Erinnerungen“ ermutigt.

Ursula Böhmer ist es vor allem, die sich meiner mit Wärme annimmt. Wir unternehmen ausgedehnte Fahrten – kreuz und quer über die Collina d’Oro und weiter nach Morcote mit seinem berühmten Friedhof; wir besuchen Indemini im Valle Veddasca, fahren hinüber nach Locarno und weiter durch die Schluchten des Val Verzasca, bis wir an dessen Ende Sonogno erreichen, wo wir Wolle für einen neuen Gobelin erwerben. In unseren abendlichen Gesprächen zu dritt stoßen GB und ich immer wieder auf Fragen, die sowohl eine gründliche Analyse als auch eine praktische Antwort erfordern. Oft diskutieren wir bis tief in die Nacht, und dann treibt mich der Gedanke, dass dies ja eigentlich GBs bevorzugte Arbeitszeit ist, genau genommen also ein schlechtes Gewissen, zurück in mein Hotel.

Casa Camuzzi, Aufgang vom Garten, 1978

Casa Camuzzi, 1978

Vier Jahre ist es her, seit Chris und ich nach telefonischer Voranmeldung erstmals die Casa Camuzzi in Montagnola betreten haben, einen hellgelb gestrichenen Palazzo mit Türmchen, Balkonen, zierenden Stuckaturen und im oberen Bereich ovalen Fenstern. An einem Freitag, es war der 15. September 1978, drückte ich pünktlich um halb vier Uhr nachmittags auf den handschriftlich mit „Böhmer“ gekennzeichneten Klingelknopf. Ich erinnere mich des Datums deshalb noch so genau, weil Chris zwei Tage danach Geburtstag hatte. Wir traten durch die offene Haustür in einen dunklen Vorraum und weiter in das Treppenhaus. Von oben empfing uns eine Frauenstimme: „Hallo?“. Wir meldeten uns, und die Stimme sagte in leicht schwyzerdütschem Dialekt: „Kommet Sie ruhig rauf. Der Kaffee isch scho fertig!“ Dann standen Chris und ich zum ersten Mal Ursula Böhmer gegenüber. Sie begrüßte uns herzlich wie alte Bekannte, führte uns direkt vom Treppenhaus auf eine große ungedeckte, nach zwei Seiten offene Veranda und lud uns an den schon gedeckten Kaffeetisch. „Möget Sie Zwetschgekucha?“ Ja, wir mochten ihn. Zwetschgenkuchen sollte von nun an in all den nachfolgenden Jahren zu einer Art Chiffre für unsere Septemberbesuche bei Ursula Böhmer werden, Zwetschgenkuchen und die Sonnenblumen oder Gladiolen, die wir jedes Mal unmittelbar zuvor in einer nahen Gärtnerei besorgten und die ich in Ursulas größter Vase zu arrangieren wusste (wobei ich mir einmal beim Kürzen tief in den Finger schnitt).

Über uns wölbte sich wolkenlos der Himmel mit einer leicht dunstigen, lichten Bläue, wie sie nur im frühherbstlichen Tessin zu beobachten ist. Auf der Veranda blühten ringsum riesige Oleanderbüsche, und Scharen von Schwalben jagten nach Insekten, verschwanden in den vielen Lücken der angrenzenden Mauer des „Torre Camuzzi" (heute das Museum Hermann Hesse Montagnola beherbergend) und stürzten kreischend wieder zu neuer Jagd hervor. „Gunter wird gleich kommen. Den Kaffee lässt er niemals aus!"

Da stand Böhmer auch schon in der Tür – groß, sehr schlank, hageres Gesicht, mit wirrem Haar und Hornbrille – und begrüßte uns ohne Umschweife mit der Frage: „Was hat Sie bloß dazu verführt, mich hier in meinem Refugium aufzustöbern?"

Gunter Böhmer, 1978

Gunter Böhmer und Chris, 1978
beim „Zwetschgekucha“

Und ohne die Antwort abzuwarten, fügte er an: „Ich hoffe, Sie stören sich nicht daran, dass ich Sie in diesem unkonventionellen Arbeitszeug begrüße!“ In Wirklichkeit trug er einen bequemen leichten Hausanzug, und wir selbst waren ja auch sommerlich leicht gekleidet.

Erst erzählten wir einiges über uns. Dabei kam uns verwunderlich vor, dass wir uns erst jetzt begegneten: Während Böhmers Stuttgarter Akademiejahren war ich, in dieser Stadt beheimatet, aus der Fremde oft genug dorthin zurückgekommen, sodass sich unsere Wege wohl öfters gekreuzt hatten. Tatsächlich hatten Chris und ich jedoch erst im Sommer 1978 die ersten Arbeiten des Künstlers gesehen – Reproduktionen in einem Katalog der Reutlinger Hans-Thoma-Gesellschaft. Von diesem Augenblick an aber nahm uns das Werk so gefangen, dass wir unbedingt dem Künstler selbst begegnen wollten und einen schon geplanten Aufenthalt im Tessin als erste sich bietende Gelegenheit nutzten, mit ihm in Verbindung zu treten.

Unser Gespräch nahm rasch eine Richtung, die ahnen ließ, hier könne eine Beziehung besonderer Art entstehen. Die Klärung der Frage „Was erwarten wir voneinander?“ stand am Anfang und war ausschlaggebend für alles Kommende. Wir sprachen über „Frühes und Spätes“ (seine Ausführungen im Reutlinger Katalog) und über die Gründe, Kunst zu sammeln.

Natürlich trugen wir Gunter Böhmer den Wunsch vor, möglichst viele seiner Arbeiten sehen zu dürfen. Er sagte auch ohne Umschweife zu: „… aber nicht mehr heute Nachmittag. Ich muss dazu noch etliches vorbereiten.

Kommen Sie übermorgen wieder …“ Dabei schien er jedoch einen mahnenden Blick von Ursula aufgefangen zu haben, denn er verbesserte sich rasch: „Ach nein, ich glaube, der Tag passt meiner Frau nicht.“ Ich spürte eine kleine Verlegenheit aufkommen und warf deshalb ein: „Es kann doch jeder andere Tag dafür in Frage kommen. Und überdies hat meine Frau übermorgen Geburtstag, und da wollen wir gern einen größeren Ausflug unternehmen.“

Da brach Ursula Böhmer in herzliches Lachen aus: „Ja, isch das möglich – do hen mir jo dr gleiche Geburtstag!“ Kurzum, wir wurden eindringlich gebeten, zu einem gemeinsamen Festtagskaffee „mit Zwetschgekucha“ in die Casa Camuzzi zu kommen, und natürlich sagten wir zu.

Wie die kleine Feier (wieder auf der Veranda) im Einzelnen verlief, weiß ich nicht mehr zu sagen. Unvergesslich ist mir jedoch die anschließende Szene: Böhmer stand auf, nahm Chris bei der Hand und nickte mir zu, jetzt sei es so weit. Er führte uns ins Haus, in ein lichtdurchflutetes Zimmer.

Ich kann mich nicht mehr daran erinnern, welcher Raum es war, welche Einrichtung er hatte: Wir standen unversehens vor einem weit auf dem Boden ausgelegten Mosaik von Zeichnungen, aus dem wir einige Sammlerstücke aussuchen durften. Wie Böhmer wenig später offen bekannte, sah er in dem, was wir wählen würden, eine ihm wichtige Probe für die Tragfähigkeit unserer eben erst begonnenen Bekanntschaft.

Der Variantenreichtum des Dargebotenen war für uns, da wir ja erst jetzt Originale zu Gesicht bekamen, überwältigend. Nachdem wir die einzelnen Blätter eingehend betrachtet hatten, deutete Böhmer auf ein kleines Aquarell, das den Leser eines Buches darstellte: „Wäre das nicht etwas für Sie?“

Es war recht gefällig, aber nicht das, was Chris und mich seinerzeit beim ersten Durchblättern des Reutlinger Katalogs fasziniert hatte; mir jedenfalls schien das Blatt im Vergleich mit den übrigen vor uns liegenden Zeichnungen etwas anspruchslos. Ich sagte das – wenn ich mich recht erinnere – ziemlich unverblümt. Böhmer lachte und wies auf die Zeichnung eines Blumenstraußes: „Dann werden Sie sich wohl auch nicht für dieses Blatt entscheiden?“

Ich war ziemlich verlegen. Sollte er wirklich nicht gefühlt haben, dass wir einem „ganz anderen Böhmer“ auf der Spur waren? So antwortete ich: „Doch – vielleicht als Liebesgabe für ein verehrtes weibliches Wesen …“

Wieder brach Böhmer in herzliches Lachen aus: „Nun bin ich am Ende meiner Weisheit – jetzt müssen Sie selbst wählen.“ Und zu Ursula gewandt meinte er: „Die Walks scheinen wirklich etwas anderes zu suchen!“

Zwei Blätter waren es, nachfolgend abgebildet, für die wir uns entschieden: aquarellierte Tuschzeichnungen – „Atelierfest (Traum)“ (1975) und „Gesichter“ (1978).

„Anspruchsvoller Leser", 1978 (Aquarell)
Widmung:
„Anspruchsloses Blatt für
anspruchsvollen Leser.
Dem lieben Dr. Ansgar Walk"

„Atelierfest (Traum)“, 1975
(Tuschfederzeichnung)

„Gesichter", 1978
(Aquarell mit Tuschfeder)

Böhmer besah sich die ausgesuchten Zeichnungen mit großem Ernst. „Erstaunlich, dass Sie gerade diese Blätter nehmen wollen – ich glaube, sie gehören mit zum Besten, was ich in den letzten Jahren gezeichnet habe. Die besten Blätter hier auf dem Boden sind sie allemal."

Allerdings durften wir, entgegen unserer Hoffnung, die beiden Zeichnungen nicht etwa gleich mitnehmen; Böhmer wollte sie vielmehr nochmals „prüfen", bevor er sie aus der Hand gab. Zwei Tage später führte uns Ursula zum ersten Mal hinauf ins Atelier im „Attikageschoss" des Palazzos – dorthin, von wo der Blick über Klingsors verwunschenen Gartenpark und den Luganer See zum Monte Bré, zum San Salvatore und bis in weite Fernen schweifen kann.

Böhmer saß mit der Tuschfeder in der Hand über unsere Zeichnungen gebeugt und brachte da noch einen winzigen Strich, dort noch die minimale Verstärkung einer Linie an, dann signierte er und erhob sich lächelnd: „Reißen Sie mir die Blätter aus den Händen! Fort, weg! Sie sehen ja, es wird nie fertig, immer ist noch etwas zu korrigieren …"

Doch seltsam, er überreichte uns unversehens vier Zeichenblätter; wir hatten doch nur zwei ausgesucht. Er wandte sich an Chris: „Liebes verehrtes weibliches Wesen – gestatten Sie mir, Ihnen Blumen zu schenken?" Und dabei überreichte er ihr die Blumenzeichnung mit entsprechender Widmung. Dann drehte er sich zu mir um: „Sie aber, lieber anspruchsvoller Leser, sollen nicht ungeschoren für Ihre Bemerkung davonkommen – hiermit übergibt Ihnen feierlich ein anspruchsloses Blatt Ihr Gunter Böhmer."

Ursula lächelte ihn verschmitzt an: „Hesch du wirklich vor, die zwei z' beschäme?" Wir waren es nicht; wir lachten und fühlten uns reich beschenkt.

Blick von der Casa Camuzzi
auf den Luganer See 1978

Zu jener Zeit ahnte ich noch nicht, dass die von uns getroffene Wahl Gunter Böhmer dazu inspirierte, den Aufbau unserer Sammlung in den Folgejahren zu begleiten. Jedes Mal, wenn wir bei ihm (immer vorangemeldet) vorbeischauten, hatte er unter ganz bestimmten Gesichtspunkten eine Anzahl von Arbeiten herausgesucht, die er uns vorlegte. Wir erwarben dann die uns besonders zusagenden Stücke. Nach kurzer Zeit hatten wir den Grundstock für eine Sammlung freier Zeichnungen und Aquarelle gelegt, die schließlich den „ganzen Böhmer", wie er es ausdrückte, umfassen sollte. „Wie groß sollte denn die Zahl der Arbeiten sein, damit die Sammlung den ganzen Böhmer repräsentiert?", wollte ich wissen. Mit vielsagendem Lächeln kam ohne Umschweife die Antwort: „Fünfzig!" Später werden wir beide uns dieses Augenblicks noch oft erinnern, denn ich berichtete bei jeder neuen Zusammenkunft treulich über „den neuesten Stand". Dabei entstand bald ein kleines Ritual, denn Böhmer wandte sich jedes Mal kopfschüttelnd an Ursula: „Der Walk hat das mit den „Fünfzig" tatsächlich ernst genommen …"

Schon an diesem dritten Begegnungstag hielt Böhmer unseren Besitz nur eines einzigen Katalogs über seine Arbeiten für unzureichend, und so wurde unsere Bibliothek um den Ausstellungskatalog aus Freiburg und die Monografie von Peter Mieg und Hans A. Halbey (Tschudy-Verlag) erweitert. Diese Gaben allerdings eröffneten ganz unerwartet eine weitere Dimension unserer gerade erst angefangenen Böhmer-Sammlung: Das in Peter Miegs Buch enthaltene Werksverzeichnis ließ uns ziemlich rasch mit der Suche nach vielfach nur noch antiquarisch oder auf Auktionen erhältlichen Büchern mit Illustrationen von Böhmers Hand beginnen; erste Erfolge ergaben sich erstaunlicherweise bereits bei Durchsicht der eigenen Bibliothek – etwa der Buchumschlag für „Stiller“ von Max Frisch oder illustrierte Bücher wie „Entführt“ von Robert Louis Stevenson. Mit den Jahren füllte sich ein nur Böhmer gewidmetes, gar nicht kleines Bücherregal.

Im folgenden Jahr zog es uns mehrmals nach Montagnola; zu viert feierten wir auch wieder auf der Terrasse den „Doppelgeburtstag“ der beiden Frauen.

„Meine Mutter“, 1972
(Bleistiftzeichnung)

„Der Gestürzte“, 1978
(Tuschzeichnung)

„Alptraum“, 1978
(Tuschzeichnung)

„Bedrohung“, 1980
(Aquarell)

„Turm der Masken", 1981
(Tuschzeichnung)

Böhmer beschenkte Chris mit einer Anzahl vom ihm illustrierter Bücher. Auf die Vorsätze hatte er lustige Szenen mit witzigen Bemerkungen gezeichnet, und Chris erklärte ihm, sie fühle sich von ihm auf eine Weise geehrt, die sie doch wohl kaum verdiene.

Unter den Geschenken befand sich neben dem Suhrkamp-Taschenbuch „Über Hermann Hesse“ auch „Hermann Lauscher“, als Insel-Taschenbuch 1976 mit den frühen Böhmer-Zeichnungen wieder aufgelegt.

Während ich dies niederschreibe, liegt der kleine Band vor mir – Böhmer hat sich auf dem Vorsatzblatt als Schüler mit Ranzen und Pinsel porträtiert und dazu angemerkt: „Das war einer der Anfangsschritte in die Welt der Missverständnisse u. a. – siehe Nachwort –“, damit auf seinen lebenslangen Kampf mit Buchmachern und dem reproduzierenden Gewerbe anspielend.

Ursula berichtete, heute seien wieder einmal Verehrer Hermann Hesses bis zu ihr in die Küche vorgedrungen – in der Casa Camuzzi zu wohnen könne zuweilen zu fast unerträglichen Belästigungen führen. Das ließ mich wiederum an meine Lektüre der Lebenserinnerungen Richard Seewalds („Die Zeit befiehlts, wir sind ihr untertan“) denken und das Kapitel „Von unerwünschten Besuchern und Briefen“, worin Seewald schreibt: „Hermann Hesse hatte an einem Pfeiler seiner Gartenpforte ein Schild angebracht mit der Aufschrift: „Besuche sind unerwünscht.“ Es zirkulierte der Witz, eines Tages habe darunter gestanden: „Schade, Thomas Mann.“

GB lächelte: „Ach, der Seewald … Wie wenig hat er den

Hesse gekannt! Niemals hätte Hesse sich so ausgedrückt. Nein: ‚Bitte keine Besuche' stand da geschrieben. Und ich bin daran nicht unschuldig beteiligt."

Dann erzählte er uns, wie er nach einer telefonischen Bitte von Peter Suhrkamp einen nur mit Schrift zu gestaltenden Umschlag für Max Frischs „Stiller" entwarf und dabei missverstehend zur Erheiterung Suhrkamps an die dreißig Entwürfe mit dem ungewollt degradierenden Schriftzug „Stiller Roman" anstelle des zweizeiligen Schriftzugs „Stiller" / Roman versah. Diese „Stiller-Schrift" habe dann Hesse zu der bittenden und nicht abzuschlagenden Bemerkung veranlasst: „Wenn mir doch jemand an mein Gartentor in Böhmerschrift malen würde ‚Bitte keine Besuche'." GB würzte diese kleine Anekdote dann noch mit der Ergänzung: „Wie sollte ich das auch abschlagen! Ich habe mich ja selbst kurz zuvor mit einem gekritzelten Zettel an meiner Ateliertür zu schützen versucht: „à demain! Votre Picasso". Den hat ein Besucher für echt gehalten und ist damit einfach verschwunden. Vielleicht taucht er einmal bei einem Sammler wieder auf!" Wir lachten. GB aber meinte: „Die ganze Geschichte ist eigentlich noch viel länger, aber das lesen Sie besser in diesem Bändchen nach!", wobei er auf „Über Hermann Hesse" wies, das er Chris gerade verehrt hatte.

Ursula hatte vor allem durch ihre Tante Mareili Anregung zum Weben von Gobelins erfahren und besaß großes Talent für solche Arbeiten. Sie hatte sich einen eigenen Arbeitsraum eingerichtet, in dem sie außer dem Webstuhl und den Wollvorräten alle sonst noch dazu benötigten

Utensilien unterbringen konnte. In den langen Wochen, in denen ihr Mann an der Stuttgarter Kunstakademie lehrte, hat sie hier viel gearbeitet.

Eines Tages bat mich Böhmer, einige der schönsten Teppiche für ihn zu fotografieren; er stellte sich auf die Terrasse und hielt einen Teppich nach dem anderen mit den Händen in die Höhe, sodass ich recht passable Aufnahmen anfertigen konnte: Teppiche, von der Stirn des Meisters überragt.

Mit der Zeit lernten wir auch die vielen anderen Räume der Wohnung kennen. Sie waren vollgepackt mit Böhmers Arbeiten, und auch in den Gängen standen Regale, gefüllt mit gezeichneten Tagebüchern.

Böhmers auf vielen seiner Bilder wiederzufindendes pittoreskes Atelier mit seinen ovalen Fenstern war eine Art Heiligtum, wohin er sich oft monatelang in selbstverordnete Klausur zurückzog und vollkommen in seiner Arbeit aufging. Manche Stunde saßen wir bei ihm und schauten dem Künstler „beim letzten Strich" an einer von uns ausgesuchten Zeichnung über die Schulter: Vor jedem Signieren, nicht nur damals bei unseren ersten Zeichnungen, prüfte GB, so durften wir Gunter Böhmer bald nennen, eingehend und selbstkritisch, welche kleinste Nachbesserung zur Vollkommenheit unabdingbar war. „Das Bild muss jeder Kritik standhalten können!"

Einmal drückte uns GB auch einen der unzähligen Bände seiner ganz persönlichen Tagebücher in die Hand und ließ uns darin blättern. Allein diese Tagebücher enthielten Tausende von Skizzen und Zeichnungen – die Wiedergabe von

Eindrücken und Beobachtungen, teils heiter, teils düster und drohend.

GB wurde oft von schweren Träumen bedrängt; in seinen Zeichnungen suchte er, sich davon zu befreien (ein Beispiel ist dafür die auf Seite 75 abgebildete Tuschfederzeichnung „Alptraum“ von 1978).

Wir lernten, dass GB – von Augenblickseinfällen, kurzen Skizzen und rasch hingeworfenen bildhaften Buchwidmungen abgesehen – oft lange und in immer neuen Wiederholungen des Motivs mit dem endgültigen „Ja“ zu einer Zeichnung, zu einer Buchskizze rang, dass er selbst einfache Schriftzüge hundertfach wiederholte, bis sie seinen Kriterien endlich entsprachen. GB hat Aberhunderte von Entwurfszeichnungen hinterlassen, die dem schließlich für eine Buchillustration ausgewählten Blatt oft in nichts nachstehen; manch eine dieser Zeichnungen ließ er uns signiert in die Sammlung aufnehmen.

Im Dezember 1979 trafen wir uns in GBs Stuttgarter Wohnung, die er 1976 nach seinem Ausscheiden aus dem Lehramt an der Kunstakademie beibehalten hatte. Auch hier waren alle Räume übervoll mit seinen Arbeiten; uns schien es, als ob ein weiterer Schatz von Tausenden von Zeichnungen und Entwürfen nur darauf wartete, eines Tages gehoben zu werden.

„Im Atelier“, o. J. (Aquarell)

„Ursula Böhner bei abendlichem Lesen“, o. J.
(Aquarell)

Chris ist GB zum letzten Mal Anfang Dezember 1980 begegnet. Anlass des Treffens war die Eröffnung einer Sonderausstellung, auf der die „Stiftung Gunter Böhmer" an die Städtische Galerie Albstadt gezeigt wurde. Damals war Chris schon sehr krank, und GB wusste davon. Obwohl ihn die Veranstaltung stark in Anspruch nahm und er sich selbst auch nicht besonders wohlfühlte, ließ er es sich nicht nehmen, ihr persönlich alle Blätter der Stiftung zu zeigen – über 200 Aquarelle und Zeichnungen.

Auch nach Albstadt hatte GB uns eine Anzahl Zeichnungen mitgebracht, unter anderem ein „Selbstbildnis" von 1978 (die auf Seite 11 wiedergegebene Tuschpinselzeichnung) und das auf Seite 77 abgebildete Aquarell „Bedrohung", mit dem er sich der Erfahrung von Chris' schwerer Krankheit gestellt und ihr Leiden in seine Bilderwelt umgesetzt hatte. Es war ein ihm wichtiges Blatt, mit dem er ihr sein Mitleiden auszudrücken versuchte. Ein weiteres Blatt fand ich später, nach Böhmers eigenem Tod, unter seinen Tagebuchblättern – „Trauernachricht".

Einmal mehr betonte er, wie sehr ihm unsere Sammlung am Herzen lag: „… und deshalb kann ich mir sehr gut vorstellen, dass Sie daraus auch einmal über Ihren Böhmer publizieren!"

„Trauernachricht“, 1982
(Tuschpinselzeichnung)

Nun, im September 1982, bin ich also auf meiner „Reise der Erinnerungen“ ein weiteres Mal Gast bei GB und Ursula. Als wir eines Abends bei einem Glas Wein zusammensitzen, verschwindet GB für kurze Zeit in seinem Atelier und kommt mit einer Anzahl Zeichenblätter zurück – Bleistiftzeichnungen von ausgesuchter Schönheit und Meisterschaft, „Museumsblätter“ nennt sie Böhmer, darunter Darstellungen seiner Mutter (u. a. das auf Seite 71 abgebildete Blatt) und von Ursula. Mit ernstem Gesicht drückt er mir eine außergewöhnliche Tuschzeichnung in die Hand: Es ist die Wiedergabe eines niedergeschlagenen und verängstigten Paares, über dem sich schützend mit nach vorn weisender Hand eine seherische Gestalt erhebt. GB hat die Szene gezeichnet, nachdem ich ihn einmal ohne Chris, die mich infolge ihrer schweren Erkrankung nicht begleiten konnte, in seiner Stuttgarter Wohnung besucht und ihm von unseren Sorgen berichtet hatte.

An diesem Abend nun sieht er die Zeit für gekommen an, mir mit dieser einzigartigen Zeichnung sein Mitgefühl auszudrücken (siehe Seite 95).

Als ich nach Tagen Montagnola wieder verlasse, sitzt Ursula neben mir im Wagen; ich bringe sie nach Karlsruhe. Das verkürzt ihre Reisezeit nach Dresden, wo sie in Vertretung ihres Mannes das Kupferstich-Kabinett der Staatlichen Kunstsammlung besucht: Dort werden in jenen Tagen Zeichnungen aus seiner im März 1980 erfolgten Schenkung an seine Vaterstadt „im Gedenken an meine Eltern und an meine Dresdner Jugendjahre“ ausgestellt. GB muss sehr gerührt und voll Dankbarkeit gewesen sein, als er das schmale, nur 16 Druckseiten umfassende Begleitheft zur Ausstellung zum ersten Mal in der Hand hält. „Bei den knappen Mitteln widmen sie mir ein solches Kleinod“, sagte er mir. Hat er nicht Dresden beschenkt? Mich aber macht nachdenklich, dass er mir ein Exemplar des Ausstellungshefts mit der kurzen Widmung überreicht: „Der Kreis schließt sich …“.

„Trost“, 1982
(Tuschfeder und Tuschpinsel auf Paper)

Lebens- und Endzeithilfe: die Arbeit

Im Januar 1983 bin ich wieder verheiratet. Die Hochzeitsreise führt uns, wie konnte es anders sein, in das Tessin: Nach Chris sollen meine Künstlerfreunde in Montagnola nun auch Ulrike („Ricky“) kennenlernen und in unsere Freundschaft einbeziehen.

Als ich bei Böhmers anrufe, um unseren Besuch anzukündigen, meint Ursula sehr bestimmt: „Ach ja, da könntet mir uns doch am beschte unten in Lugano treffe. I wieß do a guts Café mit usgezeichnete Törtli!“ Ich kenne Ursula nur zu gut und sage sofort zu: Sie will erst einmal begutachten, ob die „Neue“ denn wirklich in unseren Kreis passen wird. Wir treffen uns dann wie vereinbart. Nach einer Stunde verlassen wir das Café: Ursula hat uns zum Abendessen in die Casa Camuzzi eingeladen. Gemeinsam fahren wir hinauf nach Montagnola. GB hat uns schon erwartet. Scheinbar ernsthaft, doch mit einem fröhlichen Lächeln in den Augen empfängt er Ursula: „Also haben die beiden deine Probe bestanden?“

Nach dem Essen legt uns GB einige Tuschfederzeichnungen vor; jeder von uns soll sich sein Hochzeitsgeschenk aussuchen. Ahnte er, dass Ricky seiner Kunst wie ich „verfallen“ ist? Und vor allem, dass sie auch bei ihm die Stelle von Chris einnehmen wird? So fand an jenem Abend u. a. die auf der folgenden Seite abgebildete „Zirzensische Szene“ ihren Weg in unsere Sammlung.

„Dr. Walk 9. II. 83“
(Tagebuchblatt nach dem ersten Besuch,
Bleistiftskizze)

„Zirzensische Szene“, 1981 (Tuschzeichnung)

Hochzeitsgeschenk

„in herzlicher Mitfreude für Ulrike Walk“

o. T., 1983

(Tuschfeder und Tuschpinsel auf Paper)

Hochzeitsgeschenk

„Mit besten Wünschen! für Ansgar Walk"

o. T. 1982
(Tuschfeder und Tuschpinsel auf Paper)

Auf der Rückfahrt von einer Reise an die Côte d'Azur nach Deutschland im September 1983 steigen wir im Hotel am kleinen Flugplatz von Lugano-Agno ab und machen uns noch am gleichen Spätnachmittag mit dem Wagen zur Collina d'Oro auf – vorbei an Agnuzzo, wo Emmy Ball-Hennings zuletzt gewohnt hat. Welch lange und steile Wege sie zu Fuß hinauf nach Montagnola zu den Hesses zurücklegen musste oder GB, wenn er sie von den Gesprächen dort spät nach Hause begleitete und dann noch zu seinem Palazzo zurückwanderte, wird uns erst jetzt bewusst. Ein steiles Waldsträßchen endet oben beim Friedhof von Gentilino, dort, wo auf der anderen Seite der Fahrstraße eine Zypressenallee zur Kirche Sant'Abbondio mit ihrem markanten Campanile führt (wo GB anfangs hin pilgerte, um die „Stunde zu erkunden, die ihm noch nicht schlug").

„Bijou, eine der Camuzzi-Katzen", o. J.
(Tuschpinselskizze)

Arbeitsbeispiel:
Umschlagentwurf, 1962

Endgültige Fassung des Umschlags für
André Lichtenberger:
„Der kleine König“, 1962

Paraphrase zu Fjodor Dostojewski:
„Der Spieler“, 1980
(Aquarell mit Tuschfeder)

Paraphrase zu Manfred Hausmann:
„Der golddurchwirkte Schleier“, 1983
(Aquarell mit Tuschfeder)

Paraphrase zu
„Gebrüder Grimm: Die schönsten Märchen“, 1984
(Aquarell mit Tuschfeder)

Hier fanden Hermann und Ninon Hesse, Hugo und Emmy Ball sowie Bruno Walter ihre letzte Ruhestätte, auch Marie Geroe-Tobler und Böhmers Mutter – inzwischen ruhen dort auch Gunter und Ursula Böhmer.

Die Casa Camuzzi mit ihrer gelben Fassade, dem reichen Stuckwerk – teils faszinierende fratzenartige Gesichter, teils Ziergebinde – über den Fenstern und den grünen Läden leuchtet inmitten der wie zum Schutz vor ihr aufragenden Platanen im Licht der untergehenden Sonne. Auf dem Vorplatz tummeln sich Katzen; sie werden es sich, kaum sind wir verschwunden, auf der warmen Motorhaube unseres Wagens bequem machen und Abdrücke ihrer kleinen Pfoten hinterlassen. Wir sind etwas zu früh angekommen, weshalb wir durch die Eingangshalle mit dem großen Mauerbogen in den terrassenartigen Garten mit seinem exotischen Bewuchs – Palmen, riesigen Winter-Magnolienbäumen, Lianen – hinuntersteigen. Ricky ist zum ersten Mal mit nach hier unten gekommen; auf einmal ruft sie freudig: „Aber das kenne ich doch alles – von Böhmers Ölbildern!" Ich mache sie auf den „Klingsor-Balkon" aufmerksam und andere Details am Haus, die sich hundertfach auf GBs Bildern wiederfinden. „Hier haben auch der Schriftsteller Hermann Burger und der Maler Georg Meistermann schon gewohnt", merke ich an.

Bei Tisch erzählen wir von der Côte d'Azur, vor allem von Matisse, seiner einzigartigen Ausgestaltung der Chapelle du Rosaire nahe St-Paul-de-Vence, die uns noch jetzt, viele Tage nach dem Besuch, beschäftigt und nicht zur Ruhe kommen lässt, und von Cézannes Montagne

Ste-Victoire bei Aix, dessen Silhouette wir uns von allen Seiten angesehen und immer wieder mit seinen in unserer Erinnerung gespeicherten Bildern verglichen haben. GB ist hell begeistert: „Ach, Sie Glücklichen, wie gern möchte ich mit Ihnen im schnellen Auto dorthin ‚fliegen'!" Unser Angebot, diesen Wunsch in die Tat umzusetzen, hat GB nicht mehr wahrnehmen können …

Auf dem Tisch steht eine Flasche einfachen Landweins. Wir stoßen auf das „verflixte siebte Jahr" an. Denn sieben Jahre sind verstrichen, seit GB von der Stuttgarter Akademie Abschied genommen hat.

Ursula Böhmer und Ricky Walk, 1984

Er arbeitet nun wieder als „freier" Künstler: „Ach, Walk, was heißt schon frei? Ich stehe so unter eigenen Zwängen, dass ich mir manchmal wie ein Galeerensklave vorkomme – was natürlich Blödsinn ist!" – „Immerhin ist das Ihr eigener Wille; den Sklaven aber wurde das Kreuz gebrochen – von anderen." – „Ja, ja, schon wahr – aber wenn ich an all die Dummheit, das anmaßende Gequatsche, das selbstgefällige Gehabe selbsternannter Alleswisser denke und an meine eigene Ohnmacht, gegen den Verlust von Qualität und die Ausbreitung von Oberflächlichkeit anzukämpfen, dann habe ich doch nur noch einen einzigen Ausweg, den ich eben auch nicht mehr frei wählen kann: nämlich den, mich in die Arbeit zu stürzen. Ohren zu und Augen auf, basta!"

Jahre danach werde ich mich gerade dieses Ausspruchs wieder erinnern – bei der Lektüre eines der letzten Briefe Böhmers, von Wolfgang Kermer in der „WerkstattReihe" der Stuttgarter Kunstakademie abgelichtet: „Ja, es gibt nur eine Lebens- (und wohl auch Endzeit-) hilfe: die Arbeit. Sich dabei einer Führung anzuvertrauen, ohne wissen zu wollen, wohin der Weg geht."

Jetzt aber frage ich GB „Und wo bleibt das menschliche Miteinander?" – „Da haben Sie den Finger auf die Wunde gelegt: Die Begegnung von Mensch zu Mensch, die müssen wir wieder lernen. Das funktioniert nicht mehr. Man hört dem anderen nicht mehr zu; jeder redet nur noch von sich, was er Tolles geleistet hat oder warum er nichts Tolles geleistet hat (dann sind die anderen natürlich schuld). Von Selbstverantwortung ist dabei leider selten die Rede.

Wir müssen wegkommen von der Ichbezogenheit mit ihrem aufgebauschten Personenkult. Wir müssen wieder versuchen, uns in unser Gegenüber zu versetzen. Hesse hat das großartig vermocht! Und wir dürfen das Dankbarsein nicht verlernen …" – „Aber ich kenne doch so viele Künstler, die genauso denken wie Sie!" – „Ja schon, aber sie gehen nicht bis an den Abgrund, sie bleiben einen Meter weit weg und wagen nicht, hinunterzublicken. Das ist's! Picasso ja, der hat die Abgründe gekannt und sie immer und immer wieder gemalt und gezeichnet. Deshalb hat er auch Wege nach vorn aufgezeigt. Nach ihm wird noch vieles kommen: Bei ihm ist alles offen für Neues – anders als bei Klee, der sicher so genial war wie Picasso und es gleich ihm gewagt hat, an den Rand von Abgründen zu treten; von ihm gehen jedoch keine neuen Wege mehr aus, das Werk ist *geschlossen.*"

Das erste Wochenende im Februar 1985: Wir wissen nicht, dass wir uns zum letzten Mal sehen, doch verläuft die Begegnung ohnedies ungewöhnlich. Denn unsere Gespräche sind von Gedanken geprägt, die so deutlich auf Endgültiges hinweisen, dass ihnen nachgerade Prophetisches anhaftet.

Aus unserem vergangenen Gespräch greife ich das Thema „In die Arbeit stürzen" wieder auf: „GB, ich habe ja Ihre Arbeitsweise ein wenig kennengelernt, dieses Unbedingte und immer aufs Ganze gehen. Haben Sie an der Akademie Ihren Schülern davon etwas weitergeben können?" – „Ich weiß, worauf Sie hinauswollen! Die jungen Leute müssen sich ein Leitbild suchen und auch finden.

Doch das ist nichts Statisches: Leitbilder müssen sich mit dem eigenen Entwicklungsprozess ändern. Man muss sich mit dem augenblicklichen Leitbild immer aufs Neue auseinandersetzen, sich auch wieder andere Leitbilder suchen, sonst bleibt man stehen.“ Er holt eines seiner Tagebücher hervor, blättert darin und deutet auf die Eintragung:

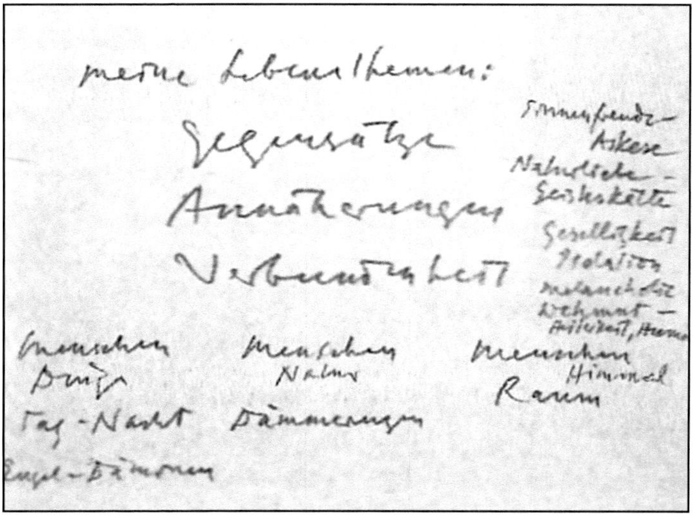

„meine Lebensthemen“
(GB, Tagebuchnotiz)

Meine Lebensthemen:

Gegensätze

Annäherungen

Verbundenheit

Sinnesfreunde –
Askese
Naturliebe –
Geisteskälte
Geselligkeit
Isolation
Melancholie,
Wehmut –
Heiterkeit, Humor

Menschen	*Menschen*	*Menschen*
Dinge	*Natur*	*Himmel*
		Raum

Tag – Nacht Dämmerungen
Engel – Dämonen

Druckversion der auf S. 125 abgebildeten Tagebuchnotiz

„Da haben Sie den Böhmer – heute jedenfalls!“ Nachdenklich fährt er fort: „Wird einer mit solchen Lebensthemen zum Leitbild? Die Leitbildfrage ist immer auch eine Frage des eigenen Gewissens: Wer einem die eigene Egozentrik bestätigt, der ist sicher ein falsches Leitbild.“

Und nach kurzer Pause: „Wir reden jetzt so viel vom Wertewandel und meinen doch eigentlich Werteverlust! Auch Leitbilder können beim näheren Hinsehen verlieren; dann bedarf's eines neuen Leitbilds, das die eigenen Werte wieder festigt. Das wird von den Jungen allzu gern unter den Teppich gekehrt.“

Er nimmt einen Schluck Wein: „Mag sein, dass ich (und gemeint ist damit ja auch meine Arbeitsweise) für etliche meiner Schüler ein „echtes“ Leitbild sein konnte – dann hätten sie das dadurch gespürt, dass in ihnen das Pflichtgefühl zum eigenen Fortschreiten wachgerufen wurde. Oder anders ausgedrückt: dass sie Kräfte entwickelt haben, die sie auf höhere Stufen heben. Mit dem Leitbild ist es wie mit der Qualität: Ja oder Nein – Mittelmaß ist nicht erlaubt.“

Mit einer gegenüber früheren Äußerungen noch schärfer gewordenen Strenge und Klarheit analysiert GB dann den von ihm zu entrichtenden Preis für kompromissloses Verhalten im Kunstbetrieb, für die an sich selbst gestellten, allein vom Gewissen geprüften höchsten Ansprüche an das eigene schöpferische Handeln. „Alles oder nichts, sonst wird's Lüge“, betont er.

Ausgehend von einem vor Monaten geführten Gespräch mit jungen Menschen kommt er nochmals auf das Leitbild

– „eine Gewissensfrage“ – zu sprechen, das es „in unserem Chaos zu finden gilt“. Auch der Begriff „Werte“ lässt ihn nicht los; ihnen sei natürlich stetiger Wandel eigen, weshalb man sie für einen selbst auch unter Zweifeln immer wieder „neu justieren“ und fixieren müsse. Fixieren von Werten? „Selbst das immer nur mit und in Bildern.“

Das ist Gunter Böhmer – der Künstler, der so sehr gegen die in Abgründen drohenden Gefahren ankämpft und sie mit seinen Bildern zu bannen sucht, dass er darüber „sich selbst zu verzehren immer Gefahr läuft“ (meine wachsende Sorge lässt mich das zu ihm bei diesem letzten Gespräch sagen).

Wir sind überrascht, dass GB uns bei diesem Besuch keine Bilder zur Auswahl vorlegt, wie er es sonst immer tat; er hat dieses Mal die Auswahl selbst getroffen – auserlesene Aquarelle aus den vierziger Jahren, ein Original aus dem „Tagebuch eines Malers“: „Walk, diese Blätter müssen Sie in Ihrer Sammlung haben!“ Das macht uns vor allem deshalb bestürzt, weil wir wissen, dass einige davon Ursula sehr ans Herz gewachsen sind: „Ja, Gunter, wenn Du meinscht … Dann isch's mir au recht.“ Und dann äußert Böhmer etwas, was wir niemals vergessen werden: „Sorgt euch nicht um mein Werk, und zerbrecht euch nicht den Kopf darüber, was damit in Zukunft geschieht – was davon erhaltenswert ist, das entscheidet ein Höherer; und das übrige mag getrost zugrunde gehen.“

Mein Bild von Gunter Böhmer? „Nicht nur, dass er alles, was er erkannte, hörte, fühlte, kurz: mit seinen Sinnen aufnahm, als Bilderflut in sich speicherte, sondern dass er hieraus unter den unerklärbaren Zwang geriet, dieses menschliche Ausgeliefertsein durch bildhaftes Gestalten zu bannen – das ließ ihn für mich zum Seher werden, Seher im vollen Wortsinn. Gunter Böhmer hat bewusst in Abgründe geblickt, hat nie Halt vor Tiefen gemacht, ist schließlich ‚durch die Hölle gegangen'."

So habe ich die Antwort in „Salute GB!" formuliert und fühle mich durch Böhmers Worte (1984 in Calw) in dieser Sicht bestärkt: „Jede Gegenwart ist voller Teufelsfratzen und Sternbilder, die unsere – wir müssen es meinen – in noch aufwühlenderen Dimensionen … als jede frühere. Doch jede Gegenwart will mit scharfen Gegenwartsaugen gesehen, bestanden, geordnet und gestaltet werden. Die selbstkritische Intensität, die Einsatzfreude jedes einzelnen aber ist das Entscheidende."

Am 8. Januar 1986 stirbt Gunter Böhmer in Lugano drei Monate vor seinem 75. Geburtstag an den Folgen einer Infektion.

Seine Frau Ursula überlebt ihn knapp zehn Jahre; sie stirbt 75-jährig im Spätsommer 1995 in Montagnola.

GBs Urne wurde auf dem Friedhof von Sant'Abbondio in Gentilino beigesetzt, wo sich unter anderen die Urnengräber seiner Mutter Emma Böhmer, seiner Frau Ursula und Mareilis (Marie Geroe-Tobler) befinden.

Sant'Abbondio: Urnengrabwand, 1986

Sant'Abbondio in Gentilino, 1986

Literaturhinweise

Böhmer, Gunter: **Tagebuch eines Malers**; Vereinigung Oltner Bücherfreunde, Olten 1944

Böhmer, Gunter: **Schriftliches**; Vereinigung Oltner Bücherfreunde, Olten 1961

Böhmer, Gunter: Frühes und Spätes, veröffentlicht in: **Gunter Böhmer – Malerei • Zeichnung**; Hans-Thoma-Gesellschaft, Reutlingen 1977

Böhmer, Gunter: In Hesses Nähe, veröffentlicht in: **Über Hermann Hesse**, Zweiter Band, Suhrkamp Taschenbuch 332, Frankfurt am Main 1977

Böhmer, Gunter: Nachträgliche und vorläufige Aufzeichnungen, veröffentlicht in: **Materialien zu Hermann Hesse „Das Glasperlenspiel"**, Zweiter Band, Suhrkamp Taschenbuch 108, Frankfurt am Main 1974

Böhmer, Gunter: Purrmanniana, veröffentlicht in: **Museum Langenargen**: Gedenkausstellungskatalog „Hans Purrmann zum 100. Geburtstag", Langenargen 1980

Böhmer, Gunter: Skizzenbuchblätter eines Montagnolesen, veröffentlicht in: **Begegnungen mit Hermann Hesse**, Verlag Bernhard Gengenbach, Bad Liebenzell 1984

Kermer, Wolfgang: **Erinnerung an Gunter Böhmer**; WerkstattReihe (2), Staatliche Akademie der Bildenden Künste, Stuttgart 1996

Seuss, Juergen (Hrsg.): **Nachtgespräch** (100 Zeichnungen von Gunter Böhmer); BrennGlas Verlag, Assenheim 1985

Böhmer, Gunter: **Dialog ohne Worte** (posth. publ.; Nachwort: Siegfried Unseld); Suhrkamp Verlag, Frankfurt am Main 1986

Seuss, Juergen & Walk, Ansgar (Hrsg.): **Salute GB! – Das Wagnis des Unbequemen**; BrennGlas Verlag, Assenheim 1986
Staatliche Akademie der Bildenden Künste Stuttgart (Hrsg.): **Gunter Böhmer an der Stuttgarter Kunstakademie,** 1987

Weitere Texte sowie ausführliche Bibliografien zur Buchgraphik und Literatur sind enthalten in folgenden Publikationen:

bis 1962: Mieg, Peter & Halbey, Hans A.: **Gunter Böhmer – Bilder und Zeichnungen**; Tschudy-Verlag, St. Gallen 1963
bis 1966: Halbey, Hans A. & Visel, Curt: **Gunter Böhmer**; Maximilian Dietrich Verlag, Memmingen 1967
bis 1971: Städtische Galerie Schwarzes Kloster, Freiburg: Ausstellungskatalog „**Gunter Böhmer – Zeichnungen und Aquarelle**“, 1971
bis 1980: Städtische Galerie Albstadt: Katalog „**Die Stiftung Gunter Böhmer**“, 1980
bis 1987: Große Kreisstadt Calw: **Gunter Böhmer • Hermann Hesse – Dokumente einer Freundschaft**; Calw 1987